I0834633

El "Mobbing"

¿Realidad o estrategia de permanencia laboral?

Mtro. Edgar Jonathan Hernández Olvera

El "Mobbing"

¿Realidad o estrategia de permanencia laboral?

Mtro. Edgar Jonathan Hernández Olvera

ISBN: 978-1-63765-115-5

Hola Publishing Internacional
www.holapublishing.com

Impreso y encuadernado en los Estados Unidos de América

Con dedicatoria a mi Dios, porque sólo tú sabes qué pasamos juntos. A mis abuelos, Ascención y Trinidad, por ser mi base y por su cariño y amor. A mis padres, Jesús y Teodora, gracias; sin ustedes este libro no hubiera sido posible, los amo. A mis hermanos Sergio, César y Christian, por compartir mis memorias de infancia y mis sueños de adulto, para ustedes con todo mi cariño. Al amor de mi vida, Roxana, gracias por mis dos tesoros, te amo. A mis más grandes tesoros, Alan Axel y Matías, mis motivos de vida y a quienes deseo con todo mi corazón que vuelen tan alto como los lleven sus sueños. Alan Axel, gracias, te debo mucho; sé que ahora comprenderás el sacrificio, y Maty, aún no sabes leer, así que esto será un recordatorio para ambos para que sepan cuánto los amo. A mi familia, amigos, y en especial a aquellos a los que un día me dijeron que no podía, gracias.

Índice

El "Mobbing"

¿Realidad o Estrategia de Permanencia Laboral?

Drando. Edgar Jonathan Hernández Olvera*

(*) Licenciado en derecho, maestro en ciencias penales y doctorante en derecho penal, con 14 años de experiencia dentro del servicio público y como abogado postulante.

Docente, facilitador y conferencista en diferentes instituciones gubernamentales, educativas y empresas privadas.

Reconocido "Honoríficamente al Servicio Público", por la Cámara de Diputados de la LXIII Legislatura en México. (2018)

Profesional que cuenta con más de 150 reconocimientos y diplomas de capacitación y actualización profesional en el ámbito jurídico.

Certificado a nivel internacional por "The Gold Standard In Public Safety (CALEA)", por haber cumplido con las normas para la protección, la vida, la seguridad y los derechos de los ciudadanos.

Padre de familia, activista social y ciudadano mexicano.

Resumen

Las problemáticas sociales que se generan en la dinámica social diaria de un país, un Estado o región, y que no han sido erradicadas con las normatividades federales o locales, los mecanismos internos y mucho menos con políticas públicas internas de cada país, dan pauta a la evolución de nuevas conductas. Una de ellas es el "mobbing", que tiene la particularidad de que el victimario sobaje emocional o intelectualmente a la víctima, con miras de excluirla de una organización o satisfacer una necesidad sexual que suele presentar el hostigador, ya sea agredir, controlar o destruir a su víctima. Este estudio pretende analizar las vertientes de dicha conducta y su mal utilización, ya que a todas luces se conoce, a través de estudios, índices delictivos, medios de comunicación, entre otros, que día a día se cometen miles de delitos sin ser sancionados, pero también se tiene la consciencia de que dicha conducta se ha utilizado para la obtención de beneficios laborales, económicos y personales.

Los esquemas vulnerables se encuentran dentro de las estructuras del servicio público y del sector empresarial privado; hay que recordar que muchos delitos en contra de la libertad y el normal desarrollo psicosexual son de oculta realización y su comisión se da en lugares privados o cerrados. En el caso del mobbing, muchas veces su comisión es pública; en Latinoamérica un gran porcentaje de las personas que son testigos de dichas conductas, por miedo o por no querer involucrase en dichas circunstancias, omiten actuar contra ellas.

Así mismo, el "mobbing", como ya se había mencionado, se ha utilizado de manera incorrecta para obtener un beneficio personal o permanencia laboral y, cuando no se accede, vienen las consecuencias (denuncias y quejas) que no sólo dañan la reputación profesional, sino la moral y la personal.

Palabras Clave

Mobbing, problemática social, políticas públicas, evolución, mujer, hombre, servicio público, empresa privada, hostigador, necesidad sexual, hostigador, índices delictivos, beneficios laborales, acosador, acosado, conducta hostil, sujeto pasivo, víctima, victimario, tipología, hostigamiento laboral, estado de derecho, estrés, ansiedad, depresión, frustración, impotencia, insomnio, fatiga, disminución de la autoestima, humillación, cambios en el comportamiento, aislamiento, deterioro de las relaciones sociales, tratados internacionales, vida libre de violencia, ambiente laboral sano, condiciones justas de trabajo, a la igualdad ante la ley, Organización Internacional del Trabajo, premeditado, rebajar a la persona, desvalorar sistemáticamente, menospreciar, menoscabar, excluir, reparación del daño, seguridad ciudadana y tránsito, contralorías internas, comisiones de honor y justicia, tranquilidad laboral, mecanismo malintencionado, pseudoprofesionistas del derecho, falso testimonio, acusación o denuncia falsa, el falso acosado.

Contenido

¿Qué es el mobbing?

Es una conducta que se presenta dentro de una relación laboral con el objetivo de intimidar, opacar, aplanar, amedrentar o consumir emocional o intelectualmente a la víctima, con miras de excluirla de la organización o satisfacer una necesidad, que suele presentar el hostigador, de agredir, controlar o destruir; se presenta sistémicamente a partir de una serie de actos o comportamientos hostiles hacia uno de los integrantes de la relación laboral, de forma que un acto aislado no puede constituir acoso ante la falta de continuidad en la agresión en contra de algún empleado o del jefe mismo. La dinámica en la conducta hostil varía, pues puede llevarse a cabo mediante la exclusión total de cualquier labor asignada a la víctima, agresiones verbales contra su persona, hasta una excesiva carga en los trabajos que ha de desempeñar, todo con el fin de mermar su autoestima, salud, integridad, libertad o seguridad, lo cual deja en estado de indefensión a la víctima por dicha conducta.

Ahora bien, en cuanto a su tipología, ésta se presenta en tres niveles según quién adopte el papel de sujeto activo:

a. Horizontal: cuando la agresividad o el hostigamiento laboral se realiza entre compañeros del ambiente de trabajo, es decir, activo y pasivo ocupan un nivel similar en la jerarquía ocupacional.

b. Vertical descendente: el que sucede cuando la agresividad o el hostigamiento laboral se realiza entre quienes ocupan puestos de jerarquía o superioridad con respecto a la víctima.

c. Vertical ascendente: ocurre con menor frecuencia y se refiere al hostigamiento laboral que se realiza entre quienes ocupan puestos subalternos con respecto al jefe victimizado (Cossío, J. R., 2014).

El mobbing es una conducta que a todas luces contrae daños físicos y psíquicos ocasionados por medidas organizacionales, aislamiento social, ataques a la vida privada de la persona, violencia física, agresiones verbales, sexuales y psicológicas, y por consecuencia de un despido injustificado, un daño económico. Dicho fenómeno social-laboral no sólo es cometido en las empresas privadas, sino en instituciones públicas, lo que resulta en un fenómeno cada vez es más frecuente en los ámbitos laborales.

Cabe mencionar que en dicha conducta la pretensión no sólo es el sobajamiento laboral, sino que en muchos casos también existe una pretensión sexual hacia las víctimas, sin importar si es hombre o mujer.

¡Mobbing en la realidad laboral!

Un estudio basado en encuestas realizado por el centro de carrera profesional OCCMundial, orientado a conocer la problemática del mobbing en México, reveló que siete de cada 10 mexicanos han sufrido acoso laboral y han sido sometidos a conductas físicas o verbales amenazantes, intimidatorias, abusivas o acosadoras, durante mucho tiempo y de manera continua. En el ámbito laboral no sólo existe la figura del acosador y el acosado, sino que se encuentran los testigos que difícilmente reportan una situación de acoso. Dicho sondeo informó también que ocho de cada 10 entrevistados confirmaron haber sido testigos de mobbing en contra de algún compañero de trabajo, y del total, 11% reconoció haberlo ejercido de alguna forma; sólo el 2% aceptó hacerlo regularmente (Forbes Staff, 2018).

De dicho estudio se puede deducir que el porcentaje de la comisión de dicha conducta es muy alto; este fenómeno en la actualidad debe atenderse de forma contundente y erradicarse en las dinámicas laborales, ya que de no controlarse perdemos socialmente el estado de derecho, dejando en estado de indefensión a las víctimas y a dichas conductas impunes. Es menester hacer hincapié en que esta conducta no hace exclusiones de género.

Daños ocasionados por el mobbing

Los daños más relevantes son el estrés, ansiedad, depresión, frustración, impotencia, insomnio, fatiga, disminución de la autoestima, humillación, cambios en el comportamiento, aislamiento, deterioro de las relaciones sociales, enfermedades físicas y mentales, úlceras, suicidio, hábitos adictivos, miedos personales, sufrimiento de un estereotipo negativo, ausentismo, despido en el trabajo, renuncia al trabajo, mal desempeño y disminución de la productividad y discapacidad laboral, entre otras.

Los derechos humanos que se conculcan con el mobbing

El artículo 1 de la *Constitución Política de los Estados Unidos Mexicanos* refiere en su primer párrafo que todas las personas gozarán de los derechos humanos reconocidos en la constitución y en los tratados internacionales de los que el Estado mexicano sea parte, así como de las garantías para su protección; cuyo ejercicio no podrá restringirse ni suspenderse, salvo en los casos y bajo las condiciones que la constitución establece *(Constitución Política de los Estados Unidos Mexicanos, 2011).*

México ha firmado diversos tratados internacionales para garantizar la vida digna de las personas, entre ellos la Convención Americana sobre Derechos Humanos (Pacto de San José), con el mobbing se violenta el derecho a la vida, a la integridad física, psicológica y moral, al libre desarrollo de la personalidad, el acceso a una vida libre de violencia, la prohibición a discriminar, a tener un trato digno, a la honra, a tener derecho al trabajo, a un ambiente laboral sano, a condiciones justas de trabajo, a la igualdad ante la ley y a un nivel de vida adecuado.

Vías para hacer efectivos los derechos de las víctimas de mobbing

De acuerdo con lo que la víctima pretenda adquirir, en el caso de la rescisión laboral por causas imputables al empleador, se deberá realizar por la vía laboral; si, por otro lado, se sufre una conducta ilícita tipificada en el código penal de la entidad, en donde el Estado estará obligado a investigar sobre la responsabilidad y sancionar a los agresores, se hará por la vía penal; pero si su pretensión es buscar una indemnización por los daños sufridos por el mobbing ocasionado, entonces deberá realizarlo por la vía administrativa, en la cual se dará lugar a una distribución de cargas probatorias distintas, determinando la normatividad a la que el actor y el demandado deberán sujetarse. Esto no implica que se pueda ejercer una única vía, ya que se pueden ejercer en conjunto.

El mobbing como lo define la Organización Internacional del Trabajo (OIT)

Define el acoso laboral como "la acción verbal o psicológica de índole sistemática, repetida o persistente por la que, en el lugar de trabajo o en conexión con el trabajo, una persona o un grupo de personas hiere a una víctima, la humilla, ofende o amedrenta" (OIT, 2000, 2011).

Características del mobbing

Es premeditado, horizontal o vertical; son conductas sistemáticas y conexas. Los hechos enunciados en una queja deben coincidir con la dinámica de hostilidad.

"10 comportamientos más frecuentes que evidencian la existencia del hostigamiento o acoso laboral

1. Asignar trabajos sin valor o utilidad alguna.
2. Rebajar a la persona asignándole trabajos por debajo de su capacidad profesional o sus competencias habituales.

3. Ejercer contra la persona una presión indebida o arbitraria para realizar su trabajo.
4. Evaluar su trabajo de manera inequitativa o de forma sesgada.
5. Desvalorar sistemáticamente su esfuerzo o éxito profesional o atribuirlo a otros factores o a terceros.
6. Amplificar y dramatizar de manera injustificada errores pequeños o intrascendentes.
7. Menospreciar o menoscabar personal o profesionalmente a la persona.
8. Asignar plazos de ejecución o cargas de trabajo irrazonables.
9. Restringir las posibilidades de comunicarse, hablar o reunirse con el superior.
10. Ningunear, ignorar, excluir o hacer el vacío, fingir no verle o hacerle 'invisible'." (OIT, 2011, como se citó en la Sala Segunda de Costa Rica, Resolución 2005-0655 de las 14:05 hrs. del 3 de agosto de 2005)

¿Ante qué autoridad se denuncia el mobbing?

Por la vía jurisdiccional *(vía penal)*:

- Cuando la conducta se realiza ***en una empresa privada*** se denuncia ante el Ministerio Público local de la entidad federativa en que se cometió la conducta, a efecto de que sea investigada y sancionada por un órgano jurisdiccional.
- En el caso que la conducta (acoso laboral) sea cometida por servidores públicos ***en una institución pública*** se deberá denunciar ante la Fiscalía Especializada en Combate a la Corrupción de cada entidad federativa, a efecto de investigar dicho delito y, de igual forma, que se asancionada por un juez de la materia.

Por la vía jurisdiccional ***(vía civil):***

- Se demanda ante el juez de lo civil para solicitar la reparación del daño causado por el mobbing, de acuerdo con las obligaciones contempladas en los códigos civiles.

Por la vía jurisdiccional *(vía laboral):*

- Se demanda a través de las Juntas Locales de Conciliación y Arbitraje.

- En el caso de servidores públicos pertenecientes a las áreas de seguridad ciudadana y tránsito la denuncia se promueve ante los Tribunales de lo Contencioso Administrativo correspondientes.

Por la vía administrativa *(no jurisdiccional):*

- Se inicia queja en las contralorías internas para el caso de instituciones públicas.

- Para el caso de servidores públicos pertenecientes a las áreas de seguridad ciudadana y tránsito se promueve la queja ante las comisiones de honor y justicia establecidas para ello.

- En las quejas realizadas a través de la Comisión Nacional, Comisiones Estatales y Municipales de Derechos Humanos, esas instituciones protegen los Derechos Humanos de las víctimas.

Con los datos anteriores cada trabajador de las diferentes empresas privadas, sin importar su ramo, o si labora en servicio público, puede determinar propiamente si son víctimas o no del mobbing, y por consecuencia determinar ante qué autoridad pueden acudir y hacer valer su derechos humanos y laborales; además de exigir la reparación del daño ocasionado por dicha conducta. Por otra parte, también sirve como guía de conducta laboral para jefes y trabajadores en función lineal y descendente para cuidar el trato propio dentro del ámbito laboral.

La exposición de motivos de la normatividad penal en el Estado de México

De acuerdo con el *Código Penal del Estado de México* (1999), en su exposición de motivos en su párrafo vigésimo octavo, se crea el tipo penal de acoso sexual con el propósito de conservar la tranquilidad laboral, particularmente, a favor de las mujeres que son objeto de atropello en su dignidad y seguridad en el trabajo al verse sometidas a exigencias y apetencias contrarias a la moral y a todo derecho. Esto no implica dejar al hombre fuera del contexto jurídico en la comisión de dicha conducta contra su persona.

La utilización del mobbing para obtener permanencia laboral

La realidad en nuestra sociedad es que hay un gran índice de delitos por mobbing a nivel nacional; es un problema social que aún no tiene una estrategia para combatirse. Se ha detectado que dicha conducta es utilizada como un mecanismo mal intencionado para conseguir que las personas no entren en los recortes laborales (despido justificado o injustificado) utilizando el chantaje, la mentira o las amenazas para conseguir un aumento salarial, un puesto mejor o cualquier otro beneficio, incluso utilizando falsos testigos que quieran justificar dicha conducta.

¿Qué pasa cuando se denuncia falsamente el mobbing?

Cuando se denuncia falsamente por la vía administrativa o judicial no sólo se falta a los principios humanos dentro de una sociedad, sino que se conculcan reglas básicas de convivencia y respeto, para lo cual el Estado creó mecanismos para regular dicha circunstancia. Esa conducta recae en un delito denominado: *"acusación o denuncia falsa"*, y estipula lo siguiente:

> "...Se impondrán de uno a cinco años de prisión, de cinco a quinientos días multa y hasta mil días multa por concepto de reparación del daño, al que impute falsamente a otro un hecho considerado como delito por la Ley, si esta imputación se hiciera ante un funcionario que, por razón de su cargo, deba proceder a la persecución del mismo..." (*Código Penal del Estado de México*, 2000).

Como se observa en dicha hipótesis legal, esta falsa acusación se determina como una sanción de dos años a seis de prisión y conlleva una multa por la comisión de dicho delito; se toma en consideración que es un ***delito de oficio*** que no amerita la suspensión condicional para llevar el proceso penal fuera de un reclusorio. Por otra parte, es menester manifestar que muchos pseudoprofesionistas del derecho, faltos de ética profesional, recomendarán realizar una falsa denuncia para poder negociar una mejor condición legal, pero no les indican a dichas denunciantes las consecuencias por no acreditar dicho delito, obteniendo como resultado la sanción antes mencionada.

¿Qué pasa con los testigos falsos?

Es muy común el pensar que el hecho de presentar un par de testigos declarando ante una autoridad administrativa, investigadora o judicial, puede dar mayor credibilidad a aquellas denuncias falsas, pero no es así. La comisión de dicha conducta se incurre en el delito de ***"falso testimonio"*** el cual se estipula en el artículo 156 del *Código Penal del Estado de México,* a lo cual establece en sus fracciones I, II y último párrafo lo siguiente:

> "...Comete el delito de falso testimonio, el que: ***I.*** Entrevistado o interrogado por alguna autoridad pública o fedatario en ejercicio de sus funciones o con motivo de ellas faltare a la verdad; ***II.*** Al rendir su entrevista o declaración como testigo, faltare a la verdad en relación con el hecho, que se trata de investigar ya sea afirmando, negando u ocultando la existencia de alguna circunstancia que pueda servir de prueba sobre la verdad o falsedad del hecho principal o que aumente o disminuya la gravedad;"

> "...Al responsable de este delito se le impondrán de dos a seis años de prisión y de treinta a setecientos cincuenta días multa. Cuando la falsedad o el ocultamiento de la verdad a que se refiere la fracción I de este artículo, se hagan en procedimientos que versen sobre alimentos se le impondrán de tres a siete años de prisión y de cincuenta a mil días multa... En el caso de la fracción II, la pena será de tres a quince años de prisión y de cien a quinientos días multa, para el testigo que fuere examinado en un procedimiento penal, cuando al imputado se le haya impuesto una pena mayor de tres años de prisión y el testimonio falso haya servido de base para la condena..." (*Código Penal del Estado de México,* 2014).

Observamos que en este artículo también se sanciona ***el falso testimonio*** de aquellas personas que son involucradas en las denuncias falsas de mobbing y donde el mismo no es acreditado.

“Características de un falso caso de mobbing o acoso laboral.

1. El falso acosado utilizará la comunicación paradójica, el engaño y la manipulación.

2. El falso acosado suele presentar un trastorno mental como la paranoia, una personalidad paranoide (Parés Soliva, 2005), trastorno delirante o un trastorno disocial de la personalidad.

3. El falso acosado se siente seguro y convencido, no le preocupa la resolución del conflicto, no buscará el acuerdo y denunciará precozmente. En cambio, el que sufre un verdadero mobbing se siente inseguro, procurará llegar a acuerdos y desea la rápida resolución del conflicto (González Rodríguez y González Correales, 2004).

4. El falso acosado suele tener malos informes de sus antecedentes laborales por parte de sus compañeros y superiores.

5. El falso acosado trata de disimular su pobre capacidad y recursos personales para el trabajo.

6. El falso acosado hará intentos de denunciar de mobbing de forma anónima.

7. El falso acosado utiliza como mecanismos de defensa la proyección (atribuye sus fracasos a los demás) y la racionalización (busca argumentos que justifiquen su conducta disruptiva)" (Pereira, M., 2018).

Conclusión

La existencia del mobbing en los ámbitos laborales, tanto públicos como privados, es una realidad. Día a día conocemos que tanto mujeres como hombres son sobajados laboralmente, en muchos casos con un fin sexual por sus superiores o compañeros de trabajo, y que por necesidad económica dichas conductas son permitidas por los trabajadores. Es necesario que en la sociedad tengamos la cultura de denunciar los delitos por mobbing y estos no queden impunes. Es una triste realidad que no se dé una solución para erradicar dicha conducta; también es necesario conocer que denunciar falsamente el mobbing tiene consecuencias legales sancionadas con penas privativas de la libertad, ocasionando a las personas que se les imputa dicho delito problemas no sólo legales, sino de salud tanto mental como física. Es por ello que al momento de tener una asesoría en la cual la estrategia sea mentir se da el momento justo para reflexionar si vale la pena intentar dicha conducta, así como asumir sus consecuencias, sólo por el hecho de obtener un beneficio personal dentro del ámbito laboral.

Referencias

Cossío Díaz, J. (2014). *Tesis Aislada (Laboral). Gaceta del Semanario Judicial de la Federación*. Pp. 138.

Forbes Staff. (2018). *Siete de cada 10 mexicanos han sufrido acoso laboral*. Recuperado el 10 de agosto del 2021 del sitio web: https://www.forbes.com.mx/siete-de-cada-10-mexicanos-han-sufrido-acoso-laboral/

Constitución Política de los Estados Unidos Mexicanos [Const.]. Art. 11 (2011) Promulgación 1917, México.

Pereira, M. (2018). *Psicología forense: Un falso caso de mobbing*. Recuperado el 10 de agosto de 2021 del sitio web: https://www.isep.es/actualidad-psicologia-clinica/psicologia-forense-un-falso-caso-de-moobing/

Código Penal del Estado de México [Cod. Pen. Edo. Mex.]. (1999), exposición de motivos, para. 28 Promulgación 1999, México.

Código Penal del Estado de México [Cod. Pen. Edo. Mex.]. Art. 154, (2000) Promulgación 2000, México.

Código Penal del Estado de México [Cod. Pen. Edo. Mex.]. Art.156, (1999) Promulgación 1999, México.

www.ingramcontent.com/pod-product-compliance
Lightning Source LLC
LaVergne TN
LVHW010548100826
845148LV00013B/2658

* 9 7 8 1 6 3 7 6 5 1 1 5 5 *